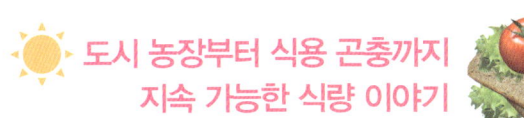

도시 농장부터 식용 곤충까지
지속 가능한 식량 이야기

실험실에서 만든 햄버거는 무슨 맛일까?

글 킴벌리 베네스 | 옮김 김아림

초록개구리

더불어 사는 지구는 우리가 세계 여러 나라 사람들과 함께 이 지구에서 더불어 잘 살기 위해 생각해 보아야 할 환경과 생태, 그리고 평화 등의 주제를 다루는 시리즈입니다.

Let's Eat! : Sustainable Food for a Hungry Planet
Text copyright © 2017 Kimberley Veness
First published in Canada and the USA in 2017 by Orca Book Publishers Ltd.
All rights reserved.
Korean translation copyright © 2017 Green Frog Publishing Co.
Korean translation rights arranged with Orca Book Publishers Ltd. c/o
the Transatlantic Literary Agency Inc. through Orange Agency.

이 책의 한국어판 저작권은 오렌지에이전시를 통해 저작권사와 독점 계약한 초록개구리에 있습니다.
저작권법에 의해 한국 내에서 보호를 받는 저작물이므로 무단 전재와 복제를 금합니다.

차례

들어가는 말 | 모든 먹거리에는 이야기가 숨어 있다! • 6

1장 빠르게, 더 많이

포도의 머나먼 여행 • 10
쉽고 빠르게 • 12
빵과 채소가 온실가스를 만든다고? • 14
닭 공장, 돼지 공장, 소 공장 • 15
싸면 무조건 좋은 걸까? • 18
대서양 연어의 고향은 양식장 • 18
먹거리를 사기 전에 확인할 것들 • 23

2장 작은 것이 아름답다

지구를 먹여 살리는 작은 농장 • 28
살 곳을 찾아 앞으로 앞으로! • 29
여러 가지 일을 하는 농부 • 31
그래도 농사짓는 게 좋아 • 31
친구와 함께 있으면 더 잘 자라 • 33
밭에 필요한 건 기다림뿐 • 34
오리와 함께 벼농사를! • 35
유기농이어야만 해! • 36
저온 살균 대 날것 • 37
농부들이 여는 시끌벅적 시장 • 40

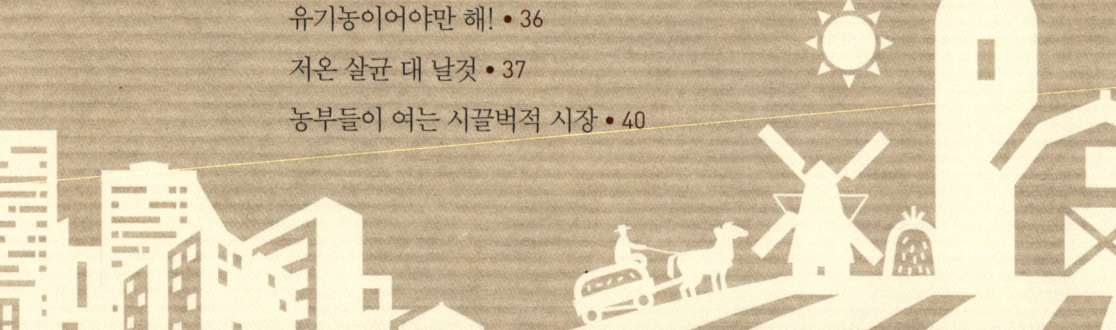

3장 도시에서 얻는 좋은 먹거리

도시 사람들을 위한 숙제 • 42
식품 사막에 살고 있니? • 43
함께 가꾸는 텃밭 • 43
숲에는 모든 음식 재료가 있다 • 45
도시에서 먹거리를 키우는 세 가지 방법 • 46
도시에서 시골 농부처럼 살아가기 • 52
바퀴 달린 음식점, 푸드 트럭 • 53

4장 미래에는 어떤 음식이 식탁에 오를까?

물고기가 식물을 키운다고? • 56
귀뚜라미 한 접시 주세요! • 57
초록색 달걀과 해파리 • 58
실험실에서 만든 햄버거 드실 분? • 59
우유의 변신 • 61
하얀 쌀, 갈색 쌀, 황금 쌀 • 62
로봇 벌이 윙윙 • 64
우주에서 농사를! • 65
먹거리의 이야기에 귀 기울이다 • 66

사진 저작권 목록 • 68

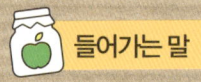 들어가는 말

모든 먹거리에는 이야기가 숨어 있다!

▲ 캐나다 브리티시컬럼비아주에 있는 과수원에서 사과를 따는 저자 킴벌리 베네스와 아들.

▲ 부모가 땀 흘려 건강한 먹거리를 길러 내는 모습을 본 아이들은 훗날 대를 이어 농부가 되고 싶어 하기도 한다.

우리가 사 먹는 식품에 입이 있다면 무슨 말을 할까?

내가 즐겨 먹는 바나나, 아보카도, 귤이 내가 지금껏 여행했던 나라보다도 많은 나라를 거쳐 내 손에 들어왔다는 사실을 알고 난 뒤부터, 나는 식탁 위에 오르는 먹거리가 어디에서 왔는지 신경 쓰기 시작했다.

그 결과 나는 사과 한 알이든 우유 한 팩이든 모든 식품에는 제 나름의 이야기가 있다는 사실을 발견했다. 예를 들어 연어 살 한 접시는 드넓은 바다에 한 번도 가 본 적 없는 양식 연어에서 나온 것이고, 오렌지 주스는 원래 갈색이었으며, 포장 식품에 들어간 몇몇 재료는 식품 회사 연구실에서 만들어진 것이라는 사실 말이다!

이 책은 우리가 즐겨 먹는 여러 먹거리의 비밀을 하나하나 드러낼 것이다. 어떤 환경에서 농작물이 자라는지, 가축과 물고기가 어떻게 대규모로 길러지는지 살펴보고, 먹거리를 사기 전에 무엇을 확인해야 하는지 알아보자.

대규모 농업에서 벗어나려는 대안적인 농사 기술에 어떤 것이 있는지 알아보고, 공장 옥상부터 도시의 거리 아래에 자리한 군대식 벙커까지 다양한 텃밭을 살펴보자. 더불어 식용 곤충, 실험실에서 만든 햄버거용 고기, 유전자 재조합 식품 등 미래 식량도 살펴보자.

자연이 차려 준 밥상

어린 시절 우리 가족은 농장에 살았다. 나는 채소를 심고, 물을 주고, 거두어들이는 걸 좋아했다. 엄마를 도와 열매로 잼과 파이를 만들고, 달걀을 주웠으며, 암소 데이지와 염소 픽시를 돌봤다. 암소와 염소에게서 막 짜낸 젖은 정말 신선했다. 엄마가 된 지금은 가족을 위해 최고로 건강한 음식 재료를 찾으려 애쓰고, 냉장고나 저장실에 무엇이 있든 최선을 다해 요리를 한다.

▲ 도시 안에 있는 작은 농장에서 먹거리를 기르는 아이들.

1장
빠르게, 더 많이

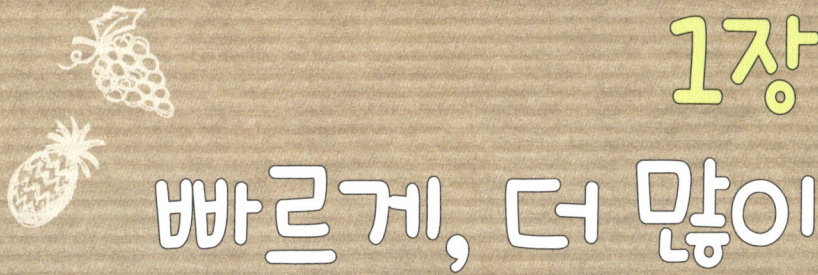

슈퍼마켓에는 수많은 먹거리가 진열되어 있다. 근처 밭에서 아침에 거두어들인 채소부터 지구 반대편에서 비행기를 타고 온 고기와 배에 실려 온 과일까지 다양하다. 덕분에 식탁은 풍성해졌다. 하지만 비싼 운송료에 방부제까지 듬뿍 뿌려진 먼 나라의 과일, 채소, 고기가 우리를 건강하게 해 줄까?

포도의 머나먼 여행

슈퍼마켓이나 마트에 갔을 때 한 번쯤은 '이 많은 먹거리가 다 어디에서 왔을까?' 하고 생각해 봤을 것이다.

과일이나 채소 중에는 수천 킬로미터를 여행한 것도 있다. 외국에서 재배한 몇몇 채소와 과일은 국내에서 기른 것보다 값이 싸다. 그런 나라는 종종 환경 오염에 대한 규제가 덜해 농장을 유지하는 비용이 덜 들고, 노동자의 품삯이 낮기 때문이다. 그런 나라에서 일하는 농장 노동자는 보수를 제대로 받지 못할 때도 많고, 작업 환경도 나쁘다. 반대로 외국에서 재배한 채소와 과일 중에는 국내에서 기른 것보다 비싼 것도 있다. 먼 거리를 이동해도 상하지 않도록 포장하고 보관하고 옮기는 데 비용이 많이 들기 때문이다.

하지만 집 가까운 곳에서 자란 싱싱한 재료를 구할 수 있다면, 굳이 머나

▲ 많은 슈퍼마켓에서 특정 계절에만 나는 채소와 과일을 1년 내내 판매한다.

▲ 인도 아마다바드의 시장에서 사람들이 채소와 과일을 꼼꼼히 살피고 있다.

먼 나라에서 자란 재료를 고를 필요는 없다. 가까운 지역에서 자란 채소와 과일을 사면 운반하는 시간이 덜 들어 신선하게 먹을 수 있고, 지역 경제가 튼튼해진다는 장점이 있다. 하지만 사는 곳에 따라 딸기처럼 서늘한 기후에서 자라는 과일을 1년 내내 먹을 수 없다는 단점도 있다.

그렇다면 우리는 어떻게 해야 할까? 수입산 포도 한 상자를 마음 편하게 장바구니에 담는 게 좋을까? 아니면 가까운 지역에서 포도를 수확하는 계절이 오기를 기다리는 게 좋을까?

쉽고 빠르게

그림엽서에 실린 안락해 보이는 농가나 빨간색 헛간, 다양한 농작물이 자라는 밭은 실제 농업 현실과 무척 다르다. 이런 예쁜 농장에서는 시장에 내놓을 정도로 많은 농작물을 키우지 않는다. 우리가 먹는 대부분의 과일, 채소, 곡물은 '단일 재배'로 생산한다. 단일 재배는 넓은 땅에 한 가지 작물만 키우는 것을 말한다. 대규모 경작지에 한 가지 작물만 키우면 농부는 수확을 하거나 해충을 관리하기가 훨씬 쉽다.

▲ 직접 곡물을 수확하는 1920년대 농부들.

▲ 농사를 돕는 기계가 발명되기 전에는 농부가 쟁기로 단단한 밭을 갈았다.

기계가 사람의 일을 대신하기 시작한 산업 혁명이 일어나기 전까지만 해도, 농부들은 말이나 소의 도움을 받아 밭을 갈고 씨앗을 심고 작물을 거두었다. 가족이나 이웃의 손을 빌리기도 했다. 특히 수확할 때가 되면 학교는 아이들이 부모의 농사일을 돕도록 수업을 일찍 끝내기도 했다.

1834년 곡물을 베는 기계인 수확기가 발명되기 전까지는 농부들이 낫을 들고 직접 곡식을 수확했다. 그래서 아무리 가족이나 이웃의 도움을 많이 받아도 농부 한 명이 작물을 다 수확하려면 몇 주일이 걸렸다.

▲ 1937년 미국 메릴랜드주에서 농부들이 이삭에서 낟알을 떨어내고 있다. 낟알이 든 주머니는 방앗간에 가지고 가서 가루로 빻는다.

하지만 약 200년이 지난 오늘날에는 몇 시간이면 밭에 있는 작물을 다 수확할 수 있다. '콤바인'이라는 기계가 곡식을 베는 일과 이삭에서 낟알을 떨어내는 일을 한꺼번에 하기 때문이다. 콤바인은 1835년에 말이나 소가 끄는 형태로 발명되었고, 1900년 즈음부터 미국에서 널리 사용되었다. 수확기와 콤바인 같은 농기계 말고도 비료와 살충제가 널리 쓰이면서 곡식을 기르고 수확하는 일을 예전보다 훨씬 쉽고 빠르게 했다.

하지만 과연 속도와 효율성만으로 최고의 먹거리

이거 알아?

식물을 키우면 행복해진다는 사실이 과학적으로 증명되었다. 흙 속에 사는 '미코박테리움 박카이'라는 미생물을 만지고 숨을 들이마시면, 뇌 속에서 기분을 좋아지게 하는 감각기관이 활발하게 움직이기 때문이다.

를 얻을 수 있을까? 먹거리를 빠르게 생산하게 되면서 식품에 대한 우리의 생각은 어떻게 바뀌었을까?

빵과 채소가 온실가스를 만든다고?

지구는 땅과 공기, 물로 연결된 하나의 거대한 생태계이다. 우리는 이 생태계 안에서 먹거리를 생산하고 소비한다.

생산량을 늘리기 위해 드넓은 농장에 화학 비료와 살충제를 뿌리면 땅과 작물에 흡수될 뿐만 아니라 공기에도 영향을 미친다. 공기 속으로 화학 비료와 살충제가 증발하여 구름에 쌓였다가 비가 되어 다른 곳에 내린다. 화학 물질이 섞인 비는 시냇물에 흘러들고, 식물과 동물이 마시는 물은 오염된다. 화학 물질은 아주 오랜 시간이 흘러야 자연에서 분해되는데, 그동안 우리 몸과 대기에 화학 물질이 쌓인다.

농장은 지구 온난화를 일으키는 주범인 온실가스도 만든다. 작물을 재배할 때 사용하는 석유, 전기, 비료와 농약 때문에 온실가스가 나오고, 가축의 배설물에서도 온실가스가 나온다. 이는 전 세계의 비행기, 기차, 자동차가 배출하는 온실가스를 합친 것에 못지않은 양이다. 여러분이 일주일에 한 번 햄버거와 감자튀김을 먹는다면, 이것을 만드는 재료를 키우는 동안 발생한 온실가스가 집에서 햄버거 가게까지 가는 동안 배출되는 자동차의 배기가스보다 더 해로울 수도 있다.

닭 공장, 돼지 공장, 소 공장

여러분이 약 8,000년 전 메소포타미아(오늘날의 터키, 이라크, 이란, 시리아)에서 살았다면, 인류 역사상 처음으로 농장에서 동물을 길들인 사람이 되었을지도 모른다. 그보다 수천 년 전에 처음 곡물을 재배하며 정착 생활을 시작한 유목민들은 넓은 땅에 울타리를 치고 염소와 양을 가둬 길렀다. 나중에는 돼지와 소, 닭도 길렀다.

집에서 기르는 동물을 '가축'이라고 부른다. 농부들은 가축을 기르면서 자기들이 고기를 얼마나 먹는지, 이웃과 맞바꾸거나 이웃에게 팔 수 있는 고기가 얼마인지 더 잘 알게 되었다. 사람들은 한곳에 정착하고 가축을 기르기 시작하면서 사냥해서 먹고살 때보다 더욱 안정을 찾았다. 또 농장을 넓히고 더 많은 가족을 거느릴 수 있는 여유를 갖게 되었다.

▲ 오늘날 지구에 살고 있는 소 약 15억 마리는 대부분 태어나서 6개월을 풀밭에서 보내다가 집중가축 사육시설 같은 좁은 우리로 옮겨진다.

▲ 동물들은 자연에서 살 때 가장 행복하다. 본능을 채우지 못하면 스트레스를 받아서 점점 몸에 해로운 행동을 한다.

▲ 미국 텍사스주에 위치한 소 사육장을 찍은 위성 사진. 네모 칸 하나에 소 수백 마리가 살고 있으며, 한가운데에 있는 연둣빛 물은 소의 배설물을 모아 둔 웅덩이다.

오늘날 집중가축사육시설(CAFOs)에서 자라는 가축은 모두 돼지나 소처럼 사람들에게 길든 동물의 후손이다. 집중가축사육시설은 좁은 공간에서 인공 사료를 먹여 빠른 시간 내에 가축을 키우는 방식을 말한다. 현재 슈퍼마켓에서 판매하는 육류의 대부분이 집중가축사육시설에서 기른 가축의 고기이다. 오늘날 미국에서는 가축의 99퍼센트가 이런 시설에서 자란다.

수십 년 동안 사료 값, 항생제 값, 의료비 등 가축을 돌보는 비용이 높아지자 가축을 기르는 회사들은 풀밭에서 가축을 기르는 대신 좁은 우리에서 가축을 기르기 시작했다. 농작물의 단일 재배와 마찬가지로 집중가축사육시설은 가축을 키워 가게에 상품으로 내놓기까지의 기간을 짧게 줄였다.

집중가축사육시설에서 자란 동물은 하루 종일 햇빛을 거의 보지 못하고, 심지어 일부는 완전히 어두운 곳에서만 자란다. 닭 한 마리가 전자레인지보다 작은 우리에서 생애를 마치기도 한다.

풀밭에서만 자라는 소들은 고기를 얻을 만한 몸무게가 되는 데 24개월이 걸린다. 하지만 집중가축사육시설 같은 좁은 우리에서만 자라는 소들은 14개월 만에 똑같은 몸무게에 이른다. 하루에 1~2킬로그램씩 몸무게가 늘어나는 셈이다.

이처럼 좁은 우리에서 소를 키우면 몸무게를 짧은 기간에 빠르게 늘릴 수 있다. 그래서 오늘날 미국에서는 고기를 얻기 위해 키우는 소의 95퍼센트가 생애의 마지막 기간을 이런 좁은 우리에서 보낸다.

이렇게 해 봐!

1. 자신이 하루에 먹는 모든 음식을 목록으로 만들어 보자.

2. 식품의 포장이나 스티커를 보고 재료가 어디에서 왔는지 적어 보자. 그러면 눈앞에 있는 먹거리가 얼마나 멀리에서 왔는지 깜짝 놀라게 될 것이다.

3. 인터넷 검색으로 먹거리가 자란 나라의 수도와 자기가 사는 도시 사이의 거리를 알아보자. 농산물이 생산된 곳에서 소비자의 식탁에 오르기까지의 이동 거리를 '푸드 마일'이라고 하는데, 푸드 마일이 길어질수록 식품의 안전성은 떨어지고 환경에 해롭다.

싸면 무조건 좋은 걸까?

집중가축사육시설에서 자라는 가축의 고기 값은 풀밭에서 자라는 가축의 고기 값보다 싼 편이다. 그런데 당장 지갑에서 나가는 돈이 적다고 좋은 것만은 아니다.

가축을 엄청나게 많이 키우려면 가축이 먹을 풀도 엄청나게 많이 길러야 한다. 그러려면 무척 넓은 땅과 많은 물이 필요하다. 게다가 엄청난 수의 가축을 돌보면서 나온 더러운 물이 가까이에 있는 호수나 강으로 스며들어 물을 오염시킨다.

여러분이 호수에 수영을 하러 갔는데 물이 오염되어 수영할 수 없다는 표지판을 볼 수도 있다. 그 다음에 갔을 때는 호수에 사는 물고기를 잡아먹으면 안 된다는 경고문을 볼 수도 있다. 이처럼 집중가축사육시설이 환경에 미치는 영향은 매우 심각하다. 다행인 점은 세계 곳곳의 환경 단체를 비롯해 환경 문제에 눈뜬 시민들의 노력으로 생태계가 조금이나마 보호받고 있다는 것이다.

대서양 연어의 고향은 양식장

어업이 크게 성장했던 1940년대와 1950년대에는 물고기를 잡아들이는 양이 지금의 2배에서 3배였다. 하지만 어부들이 완전히 자라지 않은 어린 물고기까지 마구 잡아들이면서 물고기 수가 빠르게 줄어들었다. 150년 정도 사는 몇몇 볼락 종은 번식할 수 있을 정도로 자라는 데 20년이 걸린다. 그런데 어부가 어린 볼락을 잡으면 그 물고기는 번식할 수 없다. 이런 이유로 자연에서 자라

▲ 타이의 양식장에서 일꾼이 물고기에게 먹이를 주고 있다.

는 물고기의 수가 크게 줄어들자 사람들은 인공적으로 물고기를 기르는 양식에 눈을 돌렸다.

오늘날 사람들은 600종 이상의 물고기를 양식한다. 전 세계 사람들이 먹는 해산물의 절반을 넘는 양이다. 양식 어류는 대부분 아시아에서 나온다. 아시아에서는 해산물이 음식 재료로 많이 쓰이고, 또 주요 수출 상품이기 때문이다. 어업에 종사하는 사람들도 아시아에 많다. 중국에서는 1,400만 명 정도가 어부 혹은 양식업자이다.

이거 알아?

양식 연어의 몸무게를 1킬로그램 늘리려면 사료 1.4킬로그램을 먹여야 한다. 그리고 사육장에서 키우는 소의 몸무게를 1킬로그램 늘리려면 무려 사료 5.4킬로그램을 먹여야 한다.

지느러미가 있는 물고기

틸라피아, 잉어, 송어, 대서양 연어는 흔히 양식되는 물고기 종이다. 양식장에서 기르는 연어는 말린 생선 가루, 생선 기름, 채소를 섞어 만든 마른 사료를 먹는다. 말린 생선 가루나 기름은 대규모로 떼를 지어 다니는 작은 물고기로 만든 것이다. 어떤 사람들은 틸라피아처럼 초식성 혹은 잡식성으로 해조류를 먹는 물고기를 양식하는 게 더 바람직하다고 말한다. 이런 물고기는 다른 물고기를 먹지 않아 먹이 사슬에 해를 끼치지 않기 때문이다.

바다에 사는 물고기를 양식할 때는 바다에 그물을 넓게 걸어 두는데, 이 그물 때문에 주변 환경과 해양 생태계가 파괴될 수 있다. 물고기 배설물이 너무 많이 생기면 바다에 해로운 조류가 잔뜩 자라는데, 이 조류는 물속 산소를 마구 빨아들인다. 또한 물고기들이 붐비는 그물 안에서는 질병이나 기생충이 빠르게 퍼져 철 따라 이동하는 야생 연어도 감염될 수 있다.

지난 10년 동안 양식업은 바다에서 육지로 옮겨 왔다. 육지 양식업을 지지하는 사람들은 여러 가지 이유를 들어 육지 양식업이 환경에 덜 해롭다고 말한다. 육지의 수조 안에서 자라는 물고기들은 바다와 동떨어져 있으므로 야생 연어에게 병을 옮기거나 양식장에서 탈출해 바다 생태계에 해를 끼치지 않으니까 말이다. 좁은 수조 안에서 사는 물고기는

이거 알아?

크릴새우를 잡아먹은 자연산 연어의 살은 분홍빛을 띤 밝은 주황색이다. 사람들은 양식 연어에게 합성 효소를 먹이는데, 이 효소는 살을 분홍빛으로 물들인다. 이 효소를 안 먹으면 양식 연어의 살은 회색을 띤다.

드넓은 바다에서 사는 물고기보다 에너지를 적게 쓰기 때문에 사료에 단백질을 덜 넣어도 된다. 이는 사료로 쓰는 작은 물고기를 덜 잡아도 된다는 뜻이므로 바다 생태계에 도움이 된다. 또 양식 어류의 배설물을 걸러서 가공한 다음 농작물에 줄 영양 풍부한 비료로 만들 수 있다.

무척추동물

무척추동물은 척추가 없는 동물을 말한다. 개미와 꿀벌, 조개부터 해파리까지 전 세계에는 수많은 무척추동물이 살고 있다. 이 가운데 연체동물(홍합과 굴)과 갑각류(보리새우와 이보다 작은 새우류)는 사람들이 흔히 양식하는 무척추동물이다. 연체동물은 5억

자연이 차려 준 밥상

내 고향 캐나다 브리티시컬럼비아주에서 연어는 원주민이 신성하게 여기는 물고기이다. 야생 연어는 100종이 훌쩍 넘는 다른 생물에게 꼭 필요한 식량이다. 갈매기와 독수리, 수달과 범고래, 늑대와 회색곰, 인간에 이르기까지 말이다. 하지만 수온이 올라가고 수력 발전용 댐이 건설되고 양식장 연어로부터 기생충이 옮는 바람에, 알을 낳으러 돌아오는 야생 연어의 수가 점점 줄어들고 있다. 이제는 알을 낳을 때가 되면 몸이 붉은색으로 변하던 연어를 보기 힘들어졌다.

년 전부터 지구에 살았고, 갑각류는 전 세계 모든 동물 종 가운데 약 80퍼센트를 차지한다.

새우를 양식할 때 손톱만 한 새끼 새우가 15센티미터에서 20센티미터 정도로 자랄 때까지 기른다. 수온을 일정하게 유지하고 매일 얼마나 자랐는지 확인하면서 사료, 비타민, 영양제의 양을 조절해 준다.

바닷속 식물

해조는 바다에서 나는 조류를 통틀어 이르는데, 초식 혹은 잡식을 하는 양식 어류의 먹이로 쓰인다. 물고기뿐만 아니라 사람도 해조를 먹는다. 특히 한국과 일본 사람들은 김을 즐겨 먹는데, 약 1,300년 전부터 김을 반찬으로 먹어 왔다. 옛날에는 김이 무척 귀해서 가끔은 돈 대신 쓰이기도 했다.

해마다 수백만 톤의 해조가 양식장에서 생산되는데, 대부분 동아시아에서 생산된다. 양식하는 해조 가운데 대표적인 것은 김, 미역, 다시마다. 김은 김발을 설치해 김 홀씨가 붙어 자라게 한다. 미역은 줄에 미역 홀씨를 붙여 바다 속에 넣어 키우는데, 줄이

▲ 화로에 김을 굽고 있는 여성을 그린 일본의 1864년 목판화.

가라앉지 않게 둥그런 공 모양의 플라스틱을 매달아 띄운다. 다시마 양식은 미역 양식 방법과 거의 같은데, 재배 기간이 조금 더 길다.

먹거리를 사기 전에 확인할 것들

환경을 해치지 않는 조건에서 축산물, 수산물, 농작물을 키우고자 하는 사람들이 점점 늘고 있다. 소비자들도 건강한 먹거리를 원한다. 하지만 사람들이 더 좋은 먹거리를 찾으려 해도 식품 표시 규정이 느슨하면 음식 재료가 어디에서 왔는지, 어떻게 길러졌는지 알 수 없어 불안하다. 건강한 음식 재료를 찾는 데 도움이 될 정보를 알아보자.

국가에서 인증한 마크

한국 농림축산식품부와 해양수산부는 소비자에게 건강한 먹거리를 선택할 수 있는 권리를 주기 위해 인증 제도를 운영한다.

'유기농' 인증 마크는 합성 농약과 화학 비료를 사용하지 않고 재배한 농산물과 항생제·항균제를 사용하지 않고 인증된 유기 사료를 먹여 키운 축산물에 표시할 수 있다. 수산물 중에서는 김, 굴, 홍합, 미역, 다시마를 양식할 때 항생제·항균제를 가장 적게 쓴 경우 '유기 식품' 마크를 표시한다.

'무농약' 인증 마크가 있는 농산물은 농약을 사용하지 않고 화학 비료를 되도록 적게 사용하여 생산한 것이다.

▲ 한국 농림축산식품부에서 인증한 유기농, 무농약, 무항생제, 저탄소, 동물 복지 인증 마크.

'저탄소' 인증 마크가 있는 농산물과 축산물은 농사를 짓거나 가축을 키울 때 탄소를 발생시키는 기계를 적게 사용하고, 난방이 필요한 경우 재생 에너지를 사용하여 온실가스 배출을 줄이면서 생산한 것이다.

'무항생제' 인증 마크가 있는 축산물은 항생제·항균제 등이 들어 있지 않은 사료를 먹이고, 생산성을 높이기 위한 성장 촉진제나 호르몬제를 사용하지 않고 생산한 것이다. 가축을 기르는 건물과 사육 조건, 질병 관리 등의 엄격한 인증 기준도 지켜야 한다. 이 마크는 질병이 퍼지는 것을 막기 위해 사용하는 항생제를 비롯한 동물용 의약품이 적게 쓰인 수산물에도 준다.

'동물 복지' 인증 마크가 있는 축산물은 가축이 쾌적한 환경에서 고통과 스트레스를 덜 받도록 동물 복지 기준을 따른 농장에서 생산된 것이다.

과일 껍질에 붙어 있는 스티커

바나나, 망고, 아보카도, 오렌지 등 외국에서 수입한 과일이나 채소를 사기 전에 껍질에 붙어 있는 스티커를 확인하자. 스티커에

▼ 드넓은 들판에서 키우는 소들.
목장을 운영하는 가족이 말을 타고 소를 몰고 있다.

▲ 이 아보카도에는 4로 시작하는 네 자리 숫자가 적힌 스티커가 붙어 있다. 아보카도가 일반적인 농사법으로 생산되었다는 것을 뜻한다.

는 숫자가 쓰여 있는데, 이는 국제 농산물표준연합(IFPS, International Federation Produce Standards)이 대량 생산되는 농산물을 식별하기 위해 붙인 것이다.

스티커에 9로 시작하는 다섯 자리 숫자가 적혀 있으면, 유기농으로 기른 농산물이다. 스티커에 3이나 4로 시작하는 네 자리 숫자가 적혀 있으면, 일반 농사법으로 기른 농산물이라는 뜻이다.

2장
작은 것이 아름답다

한 가지 작물만 대규모로 재배하거나 가축을 좁은 우리에서 대규모로 기르는 방식이 올바르지 않다고 생각하는 사람이 늘고 있다. 그렇다면 과연 다른 방법이 있을까? 이 장에서는 세계 곳곳에서 작은 농장을 운영하며 건강하게 먹거리를 키워 내는 사람들의 모습을 살펴보자.

지구를 먹여 살리는 작은 농장

전 세계에는 취미로 식물을 기르는 사람도 많지만, 생계를 유지하기 위해 작물을 재배하는 사람이 훨씬 많다. 세계 곳곳에 5억 7,000만 개가 넘는 농장이 있는데, 이 가운데 90퍼센트 이상이 가족이 운영하는 작은 농장이다. 작은 농장은 세계 식량 생산의 80퍼센트 이상을 책임지고 있다. 대부분은 개발 도상국에 있고, 넓이는 축구장 2개 크기 정도다. 작은 농장에서는 대부분 사람이 직접 일을 하기 때문에, 아이들도 농장 일을 돕는다.

▲ 어린 시절 작은 농장에서 살았던 저자.

▲ 1886년 미국에서 정착할 곳을 찾고 있는 유럽인 가족.

▲ 소에서 짜낸 우유를 거르는 몽골 여성. 몽골 고원에는 바람이 많이 불어서 식물이 잘 자라지 못하므로, 소를 키우는 사람들은 소가 먹을 새로운 풀을 찾아 계속 옮겨 다녀야 한다.

살 곳을 찾아 앞으로 앞으로!

1600년대에서 1800년대 사이 북아메리카로 이주한 유럽 사람들은 가족과 함께 마차를 타고 대륙을 가로지르며 정착할 곳을 찾아 다녔다. 유럽의 선진 문명을 누릴 수 없는 허허벌판에서 오로지 가족에 의지해서만 살아가려면, 남의 도움 없이도 살아남을 만큼 기술이 뛰어나야 했다. 유럽 사람들이 북아메리카에 처음 발을 디뎠던 때보다 1만 년 먼저 살던 원주민처럼 말이다.

사람들은 바깥세상의 도움 없이 주어진 자원으로 살아가야 했다. 작물을 키우고, 가축을 돌보며, 집을 짓고, 아플 때 약초로 몸을 치유하는 법을 스스로 터득해 갔다.

자연에서 살아가는 사람들을 흔히 '단순하게 산다'고 일컫지만, 사실 이들의 삶은 결코 단순하지 않다. 몇몇 농가에서는 빗물을 받아서 마시거나, 태양 전지판으로 조명이나 조그만 가전제품을 사용한다. 몇몇 농가에서는 목이 마르면 시냇물을 마시고, 해가 뜨면 일어나고 해가 지면 자는 전통적인 생활 방식을 지킨다. 외진 농가에서는 목욕을 하기 위해 욕조에 수돗물을 받을 수도 없고, 어두워도 쉽게 전등을 켤 수 없다.

자연이 차려 준 밥상

나는 '퀴노아'라는 곡물을 좋아한다. 퀴노아는 주로 남아메리카 안데스산맥의 고원에서 재배하는데, 키우기가 무척 쉽다. 나는 캐나다 밴쿠버섬에 있는 작은 텃밭에 그미터 높이의 울타리를 세우고, 그 아래에 큼지막한 돌을 둘러놓았다. 울타리는 사슴의 침입을 막아주고, 돌은 야생 토끼가 굴을 파고 안으로 들어오지 못하게 한다. 이렇게 하면 울타리 위로 키가 크고 색이 화려한 퀴노아 싹이 느긋하게 자란다. 퀴노아의 겉껍질은 쓴 맛이 나서 사슴이 뜯어먹지 않는다. 퀴노아를 손질하려면 시간과 정성이 꽤 든다. 겉껍질을 벗겨 알갱이를 꺼낸 다음 식물성 섬유질을 떼어 내고 여러 번 헹구고 나서 말려야 하기 때문이다.

여러 가지 일을 하는 농부

농장에 살면 1년 내내 일이 있다. 농부들은 농장을 운영하는 데 드는 비용을 줄이기 위해 직접 여러 가지 일을 한다. 오늘날에는 농경지 값, 가축 사료, 예방 주사, 심지어 가축 자체도 비싸졌기 때문에 작은 농장을 경영하는 농부들에게는 비용을 줄이는 일이 꼭 필요하다. 작은 농장은 꾸준한 수입이 없기 때문이다.

이렇게 해 봐!

자신이 사는 지역에서 가까운 농장이 어디 있는지 찾아보고, 연락을 해서 한번 가 보자. 종종 농부들이 잡초를 뽑거나 수확을 도와줄 1일 자원봉사자를 뽑기도 하니까 말이다. 그러면 농장 체험을 할 수 있고, 운 좋으면 과일이나 채소도 얻을 수 있다. 과일이나 채소는 막 땄을 때 영양분이 가장 많고 맛있다.

그래도 농사짓는 게 좋아

예전에는 시골에 사는 많은 아이가 부모의 농장을 물려받아 농부가 되었다. 개발 도상국에 사는 아이들은 오늘날에도 그렇게 하고 있다. 하지만 선진국에서는 지난 수십 년 동안 모든 게 바뀌었다. 미국과 캐나다에서는 시골에 사는 젊은이들이 고등 교육을 받거나 일자리를 찾기 위해 도시로 떠나, 농부의 평균 나이가 55세 이상으로 높아졌다. 일꾼을 구하기 힘들어지자 농장을 운영하는 비용이 점차 높아졌고, 농부들은 작은 농장을 유지하기가 어려워졌다. 그러자 점차 기계로 넓은 땅에 농사를 짓는 농장들이 작은 농장을 사들이면서 작은 농장은 크게 줄었다.

▲ 서아프리카 말리의 수도 바마코에서 갓 딴 구아바를 들고 있는 아이.

이러한 상황에서도 자기만의 농장을 꾸리겠다는 바람으로 농사일을 배우는 젊은이도 꽤 많다. 이들을 위해서 전 세계 유기농 농가와 농부가 되려는 젊은이를 이어 주는 우프(WWOOF, 세계 유기농 농장 탐색 프로그램) 같은 단체가 있다. 이 단체에 지원한 젊은이들은 세계 곳곳에 있는 유기농 농장에서 일하면서 각 나라의 다양한 농업 문화를 배운다.

친구와 함께 있으면 더 잘 자라

작은 농장처럼 필요한 일은 직접 하고, 필요한 것은 직접 만들어 내며 농사를 지으면 환경을 덜 해친다. 화학 비료를 쓸 일도 없고, 온실가스를 만들어 낼 일도 없다.

환경을 해치지 않으면서 농사 짓는 방법은 다양하다. 사람과 마찬가지로 식물 역시 친구에게 둘러싸여 있으면 행복해한다. 어떤 식물은 자라면서 영양분을 만들어 친구에게 도움을 주고, 또 어떤 식물은 별난 냄새를 뿜어 해충을 쫓거나 꽃가루받이를 돕는 곤충을 끌어들인다. 몇몇 농부들은 식물의 이러한 관계를 염두에 두고 농작물을 가꾼다.

이러한 재배 방식은 농작물을 건강하게 키우고, 흙을 비옥하게 하며, 해충을 줄이는 최고의 방법이다. 아파트 베란다에 둔 화분이든 시골의 농장이든 농사의 규모에 상관없이 효과가 있다.

이거 알아?

땅 위에 젖은 신문지, 커피 찌꺼기, 톱밥, 나뭇잎, 볏짚, 퇴비, 풀 등을 켜켜이 쌓으면, 썩으면서 영양분이 풍부한 흙이 된다. 여기에 작물을 심으면 화학 비료를 뿌리지 않아도 잘 자란다.

밭에 필요한 건 기다림뿐

개미는 오랜 시간을 들여 집을 짓는다. 집이 무너지면 수리하는 데도 그만큼 시간이 걸린다. 농사를 짓기 위해 밭을 가는 일은 개미가 공들여 지은 집을 제 발로 걷어차는 것과 같다. 흙에 사는 미생물은 시간을 들여 흙을 비옥하게 만든다. 그런데 옛날에 하던 대로 농사를 지으면 작물을 새로 심을 때마다 땅을 갈기 때문에 미생물이 흙을 비옥하게 만들 시간이 없고, 흙에서 영양분이 빠져나가기만 한다. 땅이 원래대로 기름지게 되려면 농사를 여러 해 쉬면서 기다려야 한다. 하지만 돈을 벌 목적으로 농사를 짓는 농부들에게는 자연적으로 땅이 비옥해지기를 기다릴 여유가 없다. 그래서 비료를 뿌리는 것이다.

땅을 조금만 갈거나 그대로 내버려 둬야만 미생물이 방해를 받지 않고 자라 흙에 영양분이 풍부해진다. 한편 땅을 갈면 흙이 물을 빨아들이는 힘이 약해지기 때문에 비가 많이 오면 흙이 씻겨 내려간다. 땅을 갈지 않고 농사를 지으면 흙이 쉽게 깎이지 않고 비료를 뿌릴 필요도 없다.

이렇게 해 봐!

1. 좋아하는 샌드위치가 어떤 재료로 만들어졌는지 모두 적어 보자.

2. 이 재료를 원래 어떤 재료로 만든 건지 목록으로 만들어 보자. 예를 들어 빵을 만들려면 밀가루, 효모, 식용유, 소금, 설탕, 물이 필요하다.

3. 1800년대에 살고 있다고 상상해 보자. 샌드위치를 만들려면 모든 재료를 직접 기르거나, 가게에서 사 오거나, 이웃과 맞바꾸어야 한다. 빵을 얻으려면 밀을 기르고 낟알을 빻아 가루로 만든 다음 나무를 때는 난로에서 반죽을 구워야 한다. 피클을 넣으려면 오이를 길러서 식초에 절인 다음 소금, 마늘, 향신료를 넣어야 하는데, 이 각각의 재료도 기르거나 구입해야 한다.

오리와 함께 벼농사를!

벼농사 짓는 농부가 농사지을 때 가장 아끼는 것이 꽥꽥대는 오리라면 믿어지는가? 일본에서는 아주 오래전부터 벼를 심은 논에서 오리를 길렀다. 이 농사법은 습도가 높고 비가 많이 와서 벼를 재배하는 데 완벽한 기후를 갖춘 필리핀에서도 인기를 얻고 있다.

논에 오리를 풀어 두면 배고픈 오리들이 메뚜기나 달팽이처럼 벼를 해치는 동물을 잡아먹는다. 오리의 배설물은 논 바닥에 스며들어 벼가 잘 자라도록 돕는 비료가 된다. 하루를 마무리할 즈음 농부는 오리를 논 밖으로 몰아 우리로 데려다 둔다.

▲ 논에서 해충을 잡아먹는 오리들. 농부들은 수천 년 전부터 오리로 벼농사를 지었다.

▲ 딸기 농장을 찾은 아이. 딸기를 직접 기를 수 없다면 농장에 찾아가 딸기가 어떻게 자라는지 보자.

유기농이어야만 해!

화학 성분이 든 살충제나 비료를 쓰지 않고 유기농으로 농작물을 키운 농부들도 천연 살충제나 비료를 쓴다. 논에서 올챙이의 숫자를 줄이는 데 천연 광물질인 황산구리를 사용하는 것처럼 말이다. 작물이나 땅, 물을 오염시키지만 않는다면 상관없다.

농작물이 유기농 인증을 받으려면 유전자 재조합 씨앗이나 식물이어서는 안 된다. 나라마다 유기농 인증 기관이 있는데, 인증 기준은 조금씩 다르다. 유럽과 미국, 캐나다, 한국에서는 가공 식품에 '100퍼센트 유기농'이라는 문구를 붙이려면 유기농 성분이 적어도 95퍼센트 이상은 되어야 한다. 몇몇 나라는 더 까다로운 기준을 두고 있다. 살충제는 대부분 과일이나 채소의 껍질에 쌓이기 때문에 잘 씻거나 껍질을 벗기면 몸속으로 들어가는 양을 줄일 수 있다. 요리하는 동안 살충제의 양이 줄어들기는 하지만, 살충제와 함께 영양소도 파괴되는 것이 문제다.

이거 알아?

유기농으로 키우지 않은 포도 한 송이에는 서로 다른 살충제가 15가지쯤 들어 있다.

저온 살균 대 날것

저온 살균이란 식품을 섭씨 60~80도에서 가열하여 해로운 세균을 죽이고 유통 기한을 늘리는 방법이다. 우유와 아이스크림, 버터, 치즈, 요구르트 같

자연이 차려 준 밥상

몇 년 전부터 나는 이웃 사람들과 함께 작은 농장에서 키우는 젖소 한 마리의 사료 값과 병원비를 지원하고 있다. 대신 매주 신선한 우유를 받는다. 그때부터 나는 손수 버터를 만들었다. 농장에서 보내 온 우유는 크림이 무척 풍부해서 우유 위에 5센티미터나 쌓일 정도다. 이 우유로 버터를 만들려면 크림을 숟가락으로 떠서 믹서에 넣고 덩어리가 생길 때까지 빠르게 돌린다. 그런 다음 덩어리를 천으로 덮고 종이 타월로 위쪽에 있는 수분을 빨아들이면 버터가 완성된다. 직접 만든 버터는 무척 맛이 좋아서 소금을 넣을 필요도 없다.

▲ 히비스커스와 콤부차를 병에 담아 차로 발효시키고 있다. 차가 발효되는 과정에서 사람에게 이로운 세균이 나온다.

은 유제품에 저온 살균이 이루어지며, 슈퍼마켓에서 판매되는 과일 주스 역시 대부분 저온 살균을 거쳐서 나온다.

저온 살균 방식은 1864년에 프랑스의 화학자이자 미생물학자인 루이 파스퇴르가 처음 발명했다. 그때에는 프랑스를 비롯한 유럽 사람 대부분이 매일 가족 농장에서 키우는 소의 젖을 짜서 마셨다. 그날그날 소의 젖에서 갓 짜낸 우유를 충분히 마시고 치즈도 만들 수 있으니 굳이 유통 기한을 늘릴 필요가 없었다. 생우유를 마셔도 병이 나는 일은 거의 없었다. 하지만 간혹 생우유에 있는 해로운 세균에 감염되어 목숨을 잃기도 했다. 파스퇴르는 우유를 섭씨 63도로 30분 동안 가열하면 해로운 세균을 죽일 수 있다는 사실을 알게 되었다.

캐나다에서는 1938년에 모든 유제품을 저온 살균해야 한다는 법이 만들어졌다. 당시 도시에 사는 사람들은 부엌에 냉장고를 들여놓아 식품을 더 오래 먹을 수 있게 되었다. 저온 살균은 미국에서도 점점 흔해져서 1987년에는 법으로 시행되기 시작했다. 오늘날에는 식품을 더 오래 보존하기 위해 저온 살균, 고온 살균 등 여러 가지 살균법을 사용한다. 하지만 일부 방식에는 단점도 있다. 생우유는 사람의 소화 기관과 면역 기관에 도움이 되는 좋은 세균을 담고 있는데 저온이 아닌 고온에서 살균을 하면 해로운 세균뿐 아니라 좋은 세균도 모두 죽는다.

▼ 타이의 수상 시장. 먹거리를 잔뜩 실은 상인들의 배가 모여 있다.

농부들이 여는 시끌벅적 시장

세계 곳곳에는 농부들이 키운 작물을 직접 파는 시장이 있다. 이런 시장에서는 물건을 팔러 나온 사람들과 사러 온 사람들이 시끌벅적 떠드는 소리와 갖가지 음식 냄새가 공기 중에 퍼진다. 향신료 냄새며 그 지역에서 얻은 쇠고기나 돼지고기를 볶거나 굽는 냄새까지 말이다.

농부들이 여는 시장은 세계 구석구석에 아주 오래전부터 있었다. 그곳에서는 지역에 사는 농부들, 음식점 주인들, 예술가와 장인들이 개성 넘치는 다양한 먹거리와 물건을 내놓는다. 몇 시간 전에 수확한 과일과 채소를 구할 수 있고, 아침에 막 짜낸 신선한 우유, 갓 잡은 생선과 고기를 얻을 수 있다.

3장
도시에서 얻는 좋은 먹거리

세계 인구의 절반이 도시에 살지만 먹거리는 도시 밖에서 가져온다. 도시 안에서 모든 먹거리를 구하는 것이 어렵기 때문이다. 하지만 식품이 이동하는 거리가 길어지면 신선도가 떨어진다. 도시 안에서 건강한 먹거리를 찾을 수는 없을까? 최신 기술과 버려진 공간을 활용해 도시에서 먹거리를 찾는 사람들을 만나 보자.

도시 사람들을 위한 숙제

100년 전만 해도 도시에 사는 사람은 10명 가운데 고작 2명밖에 되지 않았다. 하지만 2010년이 되자 10명 가운데 5명이 도시에 살게 되었다. 다시 말해 이제는 전 세계 인구의 절반이 도시에 사는 것이다. 게다가 해마다 6,000만 명이 도시로 더 몰려들고 있다.

▲ 미국 패스트푸드 전문점 맥도날드는 118개 나라에 있는 점포에서 매일 6,800만 명에게 햄버거를 판다. 햄버거는 간편하게 배를 채우지만, 몸에 좋지는 않다.

이렇게 많은 사람을 위해 엄청나게 많은 식품이 매일 트럭, 배, 비행기에 실려 도시로 운송된다. 만약 자연재해라도 일어나 갑자기 운송이 중단된다면, 며칠도 버티지 못하고 도시의 슈퍼마켓에는 먹거리가 바닥나고 말 것이다. 그렇기 때문에 나라마다 도시에 사는 사람들을 위해 꾸준히 먹거리를 공급하는 일이야말로 큰 숙제가 되었다.

식품 사막에 살고 있니?

만약 집에서 걸어갈 만한 거리에 신선한 식품을 파는 슈퍼마켓이 없다고 상상해 보자. 그렇다면 여러분은 '식품 사막'에 살고 있는 셈이다. 이 사막은 모래 언덕이 높게 솟아 있는 사막이 아니라, 산업 시설과 건물로 둘러싸인 사막이다. 자동차가 없으면 신선한 채소와 과일을 사기 위해 슈퍼마켓이나 시장까지 꼬박 몇 시간을 걸어야 한다.

어떤 식품 사막은 패스트푸드점과 편의점으로만 둘러싸여 있다. 이런 곳에는 가공식품이 산더미처럼 쌓여 있지만, 과일이나 채소 같은 신선한 식품은 전혀 구할 수 없다. 그 결과 자동차로 먼 곳까지 갈 수 없는 사람들은 가까이에서 파는 기름지고 당분 많은 가공식품을 먹을 수밖에 없다.

식품 사막은 전 세계 모든 선진국에 있다. 도시가 발달한 선진국에서는 사람들이 직접 씨앗을 뿌려 작물을 수확할 땅도 부족하고, 농사지을 시간이나 돈, 지식도 충분하지 않다. 다행히도 이 문제를 눈여겨본 몇몇 도시에서 여러 사람이 함께 작물을 키울 땅을 마련했다. 누구나 건강한 먹거리를 구할 수 있도록 말이다.

> **이거 알아?**
> 전 세계 땅의 12퍼센트, 즉 15억 헥타르 이상이 식량으로 쓸 작물을 기르는 데 사용된다. 이 면적은 날마다 늘고 있다.

함께 가꾸는 텃밭

캐나다 브리티시컬럼비아주는 도시 사람들이 직접 작물을 기를 수 있는 공동 텃밭을 제공한다. 여러 사람이 함께 가꾸는 공동 텃

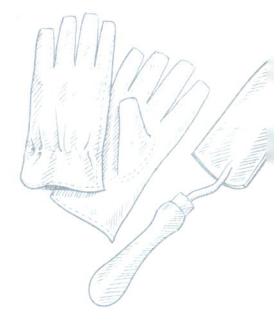

▲ 한 아이가 공동 텃밭에서 기른 방울토마토를 딴 뒤 환하게 웃고 있다.

밭은 신선한 작물을 구하고 싶지만 직접 키울 만한 땅이 없는 사람들에게 좋다. 텃밭을 함께 일구는 다른 사람들에게 작물을 가꾸는 데 필요한 지식을 얻을 수 있고, 건강한 작물을 직접 수확해 사람들과 나눠 먹을 수도 있다. 수확할 때 지켜야 할 규칙만 따른다면 텃밭에 있는 작물을 마음껏 가져갈 수 있다.

반드시 지켜야 할 규칙은 꼭 필요한 만큼만 수확하는 것이다. 그러면 작물이 허투루 버려질 일이 없고, 그 작물이 필요한 다른 사람들이 빈손으로 돌아갈 일도 없다. 또한 한번 수확을 하면 적어도 며칠은 지난 뒤 다시 수확해야 한다.

숲에는 모든 음식 재료가 있다

우리는 땅속에서 자란 당근, 덤불에서 열린 산딸기, 커다란 나무에 달린 바나나 등 다양한 식물을 먹는다. 이런 다양한 식물이 숲을 이루면 1년 내내 먹거리 걱정이 없을 것이다. 이런 점에서 실마리를 얻어 숲 생태계에 기초를 둔 농업 방식을 '먹거리 숲' 혹은 '텃밭 숲'이라 부른다.

먹거리 숲은 아주 오래된 농업 형태다. 주로 열대 우림의 강 주변이나 작은 언덕에 자연적으로 숲이 생기고 다양한 식물이 자라 근처에 사는 사람들에게 1년 내내 먹거리를 제공했다. 지금도 인도 남부, 네팔, 잠비아, 짐바브웨, 탄자니아 등지에서 흔하게 볼 수 있다. 1980년대 영국 원예학자인 로버트 하트가 열대 기후에서 발달한 이 원시 농업 형태에 '먹거리 숲'이라는 이름을 붙이고 온대 기후에도 적용할 수 있게 재배 원칙을 조정했다.

먹거리 숲에서는 고구마 같은 덩이뿌리부터 나무 열매에 이르기까지 모든 식물을 먹을 수 있다. 이런 식물은 서로 다른 계절에 나기 때문에 1년 내내 먹을 것이 끊이지 않는다. 텃밭에 보통 한 가지 작물만 심는 데 비해 먹거리 숲에는 무척 다양한 작물을 심

이렇게 해 봐!

1. 생산된 지 5일이 지난 먹거리는 모두 사지 않는다고 상상해 보자. 과자를 사 먹을 수도, 자동판매기에서 음료수를 뽑을 수도 없다. 가게에서 아무것도 살 수 없을지도 모른다. 학교에 갈 때도 도시락을 직접 싸고, 집에서 먹는 음식도 직접 만들어야 한다.

2. 자신이 사는 지역에 자연재해가 닥쳐 모든 슈퍼마켓의 식품이 동났다고 생각해 보자. 게다가 부모님이 장을 본 지 오래되어 냉장고에 먹거리가 많지 않다면? 이런 상황에 어떻게 대비할지 가족과 얘기해 보자.

는다.

일단 다양한 식물을 갖춰 놓기만 하면 먹거리 숲은 유지하기가 쉬운 편이다. 숲이 성숙해지면 뿌리가 땅속 깊이 뻗으며 알아서 물을 찾기 때문에 따로 물을 주지 않아도 된다. 나뭇잎이 그늘을 드리우면 그늘을 좋아하는 식물이 잘 자란다. 땅 위에서는 작물이 빼곡하게 자라고 있어서 뜨겁게 내리쬐는 햇빛을 받아도 흙이 말라붙지 않는다. 비가 많이 내리는 계절에는 식물의 뿌리가 흙을 꽉 붙들고 있기 때문에, 영양분과 미생물이 있는 흙이 씻겨 내려가지 않는다.

도시에서 먹거리를 키우는 세 가지 방법

먹거리 숲 가까이에 사는 사람들은 언제나 질 좋은 먹거리를 얻을 수 있다. 도시에 사는 사람들 모두가 건강한 먹거리를 얻으려면 이런 숲이 훨씬 많아지고 넓어져야 하는데, 도시에는 그럴 만한 공간이 없다.

대규모로 작물을 길러서 파는 도시 농장은 신선한 먹거리를 원하는 사람들의 바람을 충족시키려 애쓰고 있다. 많은 도시 농장이 최신 기술을 활용해 새로운 방식으로 작물을 길러 낸다.

▲ 최초의 지하 도시 농장 '어번 언더그라운드'. 영국 런던의 도심 아래에 자리한 이 농장은 제2차 세계 대전 때 버려진 방공호에 만든 것이다.

▲ 미국 뉴욕의 고층 빌딩 사이에 자리한 학교에서 옥상에 수경 재배 온실을 운영하고 있다.

▲ 일본 도쿄의 공공 기관 건물에 있는 녹색 채소 정원. 채소가 다 자라면 따 먹을 수도 있다.

실내에서 키우기

오랫동안 식물은 주어진 환경에 맞춰 자라야만 했다. 하지만 실내 농장은 식물에 딱 맞는 환경을 마련해 준다. 실내에서 자라는 작물은 폭풍우나 때 이른 서리, 우박 같은 날씨 변화에 영향을 받지 않는다. 빛, 물, 영양분도 섬세하게 조절하므로 짧은 기간에 많은 생산물을 얻을 수 있다.

실내 도시 농장은 대부분 엘이디(LED, 발광 다이오드) 조명으로 식물을 키운다. 햇빛 없이도 채소를 키울 수 있는 것이다. 1962년에 처음으로 발명된 엘이디 조명이 수십 년이 지난 오늘날 실내 농장에서 햇빛이 하는 일을 대신하고 있다.

수경 재배로 식물을 재배하면 흙 없이도 식물을 기를 수 있다. 수경 재배는 흙 대신 식물이 자라는 데 필요한 영양분이 든 물로 식물을 재배한다. 식물이 자라는 데 필요한 영양소가 들어 있는 돌이나 코코넛 섬유 같은 데에 씨앗을 심기도 하고, 영양분이 든 물에 뿌리를 띄워 식물을 재배하기도 한다.

실내에서 식물을 키우는 방식 중에는 분무식 수경 재배도 있다. 식물을 공중에 매달아 두고 영양분이 든 물을 뿌리에 뿌리는 방식이다. 새로 개발된 이 기술로는 흔히 조그만 샐러드용 채소 같은 녹색 채소를 키운다. 샐러드용 채소는 어린잎일 때 수확하기 때문에 공간을 덜 차지하고, 뿌리도 작아 얕은 접시에 딱 맞게 들어간다.

수직으로 키우기

미국 뉴저지주에 있는 회사 에어로팜은 세계에서 가장 큰 수직 농장을 운영하고 있다. 수직 농장은 식물을 건강하게 키우는 데 필요한 만큼의 물과 영양분이 그때그때 뿜어져 나오고, 햇빛을 모방한 엘이디 조명을 비추는 방식으로 분무식 수경 재배를 한다. 이 농장은 실내에 있어서 해충이 안으로 들어가지 못하므로 살충제도 필요하지 않다. 영양분은 재활용되며, 일반 재배 방식에 비해 물을 95퍼센트나 덜 사용한다. 채소의 90퍼센트 이상을 수입하는 싱가포르 사람들도 스스로 식량을 얻기 위해 도시 공간을 한껏 활용한 수직 농장을 가꾸고 있다.

▲ 싱가포르에 있는 수직 농장.

▲ 가까이에 채소를 키울 만한 땅이 없어도, 나무 운반대를 세로로 세워 멋진 텃밭을 일굴 수 있다.

▼ 미국 뉴저지주의 한 학교 학생들이 작은 수직 농장에서 점심거리를 마련하고 있다.

옥상에서 키우기

홍콩에는 300개가 넘는 고층 건물이 있어서 전 세계에서 높은 건물이 가장 많은 도시로 손꼽힌다. 홍콩에 있는 고층 건물의 72 퍼센트가 주거용이다. 고층 건물 옥상에는 농장이 있는데, 건물에 사는 주민 모두가 충분히 먹을 수 있을 정도의 작물이 재배된다. 엘리베이터를 타고 옥상까지 올라가서 저녁거리로 쓸 만한 싱싱한 채소를 딴 다음, 집으로 내려가 요리해 먹는 것이다!

옥상 정원은 단순히 먹거리만 공급하는 데서 그치지 않는다. 도시 공기를 맑게 해 주고, 온도가 너무 낮거나 높지 않게 조절해 준다. 식물은 이산화탄소를 들이마시고 산소를 내뿜어 도시의 오염된 공기를 정화시켜 준다.

자연이 차려 준 밥상

대학교에 다닐 때 도시 한가운데에 있는 어느 작은 농장에 실습을 간 적이 있었다. 이 농장은 도시의 여러 가정에 채소를 공급하고, 지역에 자리한 레스토랑에 샐러드용 채소와 콩을 비롯한 여러 농작물을 공급했다. 심지어 퇴비와 작물 부스러기를 쪼아 먹는 닭까지 키웠다. 도시 농장은 이처럼 도시 사람들에게 건강한 먹거리를 제공한다. 사진은 도시 농장에 견학 온 아이들의 모습이다.

▼ 미국 뉴욕의 선워크스 온실로 현장 학습을 온 아이들. 아이들은 자신이 먹는 채소가 어디에서 어떻게 자라는지 알게 되고, 이것을 아는 것이 왜 중요한지도 배운다.

> **이거 알아?**
>
> 1700년대 후반에 프랑스에 사는 니콜라 아페르가 음식이 담긴 병의 위쪽을 단단히 막은 병조림을 처음으로 개발했다. 얼마 지나지 않아 이 병조림은 군대에 보급하는 식량을 보존하기 위해 오늘날과 같은 통조림 형태로 만들어졌다.

그뿐 아니라 옥상 정원은 햇볕을 흡수하기 때문에 도시의 지표면을 조금 더 시원하게 한다. 도시에는 사람, 자동차, 건물이 많아서 열이 많이 발생한다. 게다가 도로의 아스팔트가 열을 잘 흡수하여 시골보다 온도가 훨씬 높다. 무척 더운 날에 도시의 아스팔트 위에 달걀을 깨 놓으면 금세 익을 정도이다. 이 달걀 실험은 도시의 지표면이 얼마나 뜨거운지를 잘 보여 준다. 프랑스에서는 이런 문제를 해결하고자 새로 짓는 상업용 건물 옥상에 반드시 식물을 키우는 공간을 마련하거나 태양 전지판을 설치하도록 법으로 정했다.

도시에서 시골 농부처럼 살아가기

2장에서 살폈듯이 시골의 농부들은 스스로 식량과 물, 집을 구하고 난방과 옷가지까지 해결하려고 한다. 그런데 도시에서도 이렇게 살 수 있을까? 어쩌면 여러분의 이웃이 이런 생활을 하고 있는지도 모른다!

농부에게 물은 매우 중요하다. 빗물받이 물통을 비롯한 빗물 활용 장치도 중요하지만, 이미 사용한 물을 재활용하는 것도 중요하다. 예를 들어 설거지나 목욕, 빨래를 해서 더러워진 물을 내버리는 대신 변기에 부어 배설물을 흘려보낸다. 느타리버섯은 더러워진 물을 깨끗하게 만드는 능력이 있는데, 이 느타리버섯에 다

쓴 물을 부어 거른 다음 텃밭에 뿌리거나 심지어 마시기도 한다. 다 쓴 물을 재활용하는 것은 슈퍼마켓에서 받은 비닐봉지를 버리지 않고 다시 쓰거나 방에서 나올 때 전등을 끄는 습관과 비슷하다. 물을 재활용할 때마다 지구의 깨끗한 물을 아껴 쓰고 보존하는 셈이다.

바퀴 달린 음식점, 푸드 트럭

1872년에 미국인 월터 스콧이 작은 마차에 음식을 싣고 다니며 야외에서 일하는 일꾼에게 팔기 시작했다. 이것이 푸드 트럭의 시작이다.

▼ 캐나다 브리티시컬럼비아주에 있는 푸드 트럭.

▲ 길거리 음식점에서는 요리한 음식뿐 아니라 신선한 과일도 판다.

오늘날 푸드 트럭도 이와 거의 비슷하다. 도시에 사는 사람들은 바빠 한 끼를 해결해야 하고, 매일 적어도 한 번은 외식을 한다. 푸드 트럭은 이런 사람들을 위해 빠른 시간에 싼값으로 식당에서 팔 법한 맛 좋은 음식을 제공한다. 그래서 이 길거리 음식점은 오늘날까지도 전 세계적으로 인기가 아주 많다.

자연이 차려 준 밥상

내가 사진 속에 있는 에이든을 만난 때는 농부들이 여는 시장에서 일하던 여름날이었다. 에이든은 도심에서 푸드 트럭을 운영하고 있었는데, 지역 사람들에게 자신의 가족 농장에서 자연 친화적인 방식으로 기른 재료로 음식을 만들어 팔았다.

신선하고 건강한 재료로 만든 에이든의 음식은 인기가 많았다. 에이든의 가족 농장에서는 푸드 트럭에서 사용할 닭고기 때문에 20마리 정도 키우던 닭을 200마리로 늘렸다. 닭고기뿐만 아니라 다른 재료도 마찬가지였다. 에이든이 사용하는 양고기나 돼지고기도 모두 농장에서 가져온 재료였으니까! 채소인 비트도 일주일에 20킬로그램이나 사용했다.

4장
미래에는 어떤 음식이 식탁에 오를까?

온난화로 나날이 더워지는 지구, 가뭄으로 죽어 가는 농작물, 빠르게 늘고 있는 인구는 우리의 식탁을 위협하고 있다. 어떻게 식량 위기를 극복해야 할까? 이 장에서는 인간과 환경 모두에게 좋은 새로운 먹거리가 무엇인지 살펴보자.

물고기가 식물을 키운다고?

물고기와 채소를 같은 곳에서 동시에 기를 수 있을까? 아쿠아포닉스라면 그렇게 할 수 있다. 이것은 물고기 양식과 수경 재배를 결합한 새로운 농사 기법인데, 물고기 배설물을 비료로 활용하여 식물을 재배하고, 식물은 물을 정화해서 물고기가 살 수 있는 깨끗한 환경을 만든다.

아쿠아포닉스는 식탁에 올릴 물고기를 함께 기를 수 있다는 점에서 지금까지의 수경 재배와 다르다. 식물을 흙에서 기르는 것보다 물이 적게 들고, 농약을 사용하지 않고, 물고기 사료 값만 들기 때문에 재배 비용이 적게 든다는 장점이 있다. 또한 도시에서도 할 수 있어서 도시 사람들도 신선한 채소를 쉽고 빠르게 얻을 수 있다.

집에서도 화분에 작은 식물을 심거나 베란다 텃밭을 가꾸는 것처럼 아쿠아포닉스를 해 볼 수 있다. 작은 수조에 물고기를 몇 마리 키우면서 그 위에 작은 채소를 기르는 것이다. 미국에서는 인터넷으로 아쿠아포닉스를 할 수 있는 수조를 팔고 있다.

▲ 아랍 에미리트에 자리한 아쿠아포닉스 재배지. 이 곳에서는 1년에 40톤의 물고기를 길러 내고, 약 100종의 식물을 재배한다.

▲ 멕시코의 한 가게에 놓인 귀뚜라미 요리 차풀리네스. 바삭하게 튀긴 귀뚜라미 요리는 수백 년 동안 라틴 아메리카에서 즐겨 먹던 전통 음식이다.

귀뚜라미 한 접시 주세요!

전 세계에서 약 20억 명이 매일 곤충을 먹는다. 아시아에서는 노점상에서 전갈을 꼬치에 꿰거나 개미에 초콜릿을 입혀 판다. 튀긴 귀뚜라미는 바삭바삭한 식감을 자랑하는 완벽한 간식거리이다. 식용 곤충은 2,000종에 이르지만 문화에 따라서 어떤 나라 사람들은 곤충을 먹는다고 하면 깜짝 놀란다.

일본에서는 말벌의 애벌레를 즐겨 먹는다. 해마다 이 애벌레를 주인공으로 축제가 열릴 정도이다. 카메룬에서는 딱정벌레 애벌레를 찾기 위해 여성들이 나무 둥치에 귀를 갖다 대고, 나무 둥치에서 무슨 소리가 나면 나무껍질을 벗기고 애벌레를 잡는다. 아프리카에서는 비가 많이 오는 시기에 먹을 것을 찾기가 힘들어서 곤충으로 식량을 대신한다.

곤충을 기르는 일은 소나 돼지 같은 가축을 기를 때보다 공간도 적게 차지하고, 힘도 적게 들며, 물도 훨씬 적게 든다. 게다가 젖소는 하루에 배설물을 54킬로그램이나 만들어 내지만, 곤충은 이보다 훨씬 적은 배설물을 만든다. 이런 이유 때문에 많은 사람이 곤충을 고기 대신 단백질을 얻을 수 있는 훌륭한 먹거리라고 주장한다.

식용 곤충을 널리 알리려는 사람들은 곤충을 먹는 새로운 방법을 생각해 내고 있다. 귀뚜라미를 갈아서 밀가루와 섞은 것으로 빵이나 파스타를 만들기도 하고, 밀웜(갈색거저리 유충)을 우유에 넣어 쉐이크로 만들거나 쿠키를 만들기도 한다.

초록색 달걀과 해파리

인류는 처음 농사를 짓던 때부터 생물의 유전적 성질을 이용해 새로운 품종을 만들거나 기존 품종을 더 좋게 고쳤다. 감자나 콩을 수확하면 가장 좋은 것만 골라 다음해에 다시 심는 방식으로 품종을 더 좋게 고치고 생산량을 늘렸다. 오늘날에는 미래 세대를 위해 식량 생산을 늘리고자 유전 공학을 활용한다. 유전 공학은 동식물의 유전자를 인공적으로 조작하는 기술을 연구하는 학문이다. 유전 공학은 2000년대 들어 매우 빠르게 발전하고 있다. 특히 식품, 에너지, 의료 분야에서 관련 기술이 활발하게 개발되고 있다. 유전 공

> **이거 알아?**
> 레인보우 당근은 주황색 당근과 색이 다르다. 하지만 당근은 원래 보라색이나 흰색이었다. 주황색 당근은 나중에 나온 변종이다.

학을 식품에 쓴 대표적인 것이 유전자 재조합 기술이다. 이것은 한 생물의 유전자를 다른 생물에 집어넣어 인간에게 이로운 새로운 품종을 만드는 기술이다. 이 기술로 만든 식품을 '유전자 재조합 식품(GMO)'이라고 한다.

콩, 옥수수, 목화 같은 특정 작물의 유전자를 바꿔서 해충에 잘 견디는 종을 만들면 살충제를 뿌리지 않고도 많은 작물을 수확할 수 있다. 유전자를 조작하면 몸에 좋은 특정 영양소가 많이 포함되도록 만들 수도 있다.

유전자 재조합 기술은 동물에게도 쓸 수 있다. 특정 동물의 유전자를 다른 동물에 넣는 것이다. 오스트레일리아와 미국의 협동 연구팀은 현재 해파리의 초록색 형광 물질을 닭의 성염색체에 집어넣어, 알이 부화되기 전에 닭이 암컷인지 수컷인지 알 수 있도록 하는 연구를 하고 있다.

어떤 사람들은 이 연구가 성공하면 암탉만 기를 수 있기 때문에 닭을 키우는 농장에 큰 도움이 될 거라고 주장한다. 하지만 유전자 재조합 식품을 오래 먹으면 인체에 어떤 이상이 생길지 알 수 없기 때문에 유전자 재조합 기술은 여전히 논란이 많다.

> **이거 알아?**
> 사료용 옥수수는 동물에게 먹이거나 옥수수가루나 토르티야 칩 같은 가공식품을 만드는 데 쓰인다. 사료용 옥수수는 대부분 유전자 재조합 식품이다.

실험실에서 만든 햄버거 드실 분?

2013년에 과학자들은 실험실에서 만든 햄버거용 고기를 소개했다. 어떤 맛이었을까? 고기의 질감은 진짜 고기와 꽤 비슷했지만,

> **이거 알아?**
>
> 전 세계적으로 1년에 한 사람이 평균 약 40킬로그램의 고기를 먹는다. 물론 이 양은 나라마다 꽤 다르다. 오스트레일리아나 미국에 사는 사람들은 1년에 많게는 120킬로그램의 고기를 먹어치운다.

소금은 조금 필요했다고 한다. 실험실에서 길러진 이 햄버거용 고기는 살아 있는 소에서 근육 세포를 뽑아내 여러 종류의 세포를 만들 수 있는 줄기세포를 만들고, 동물성 단백질 콜라겐을 더한 다음 결합 조직이 제대로 형성되는지 현미경으로 관찰하며 만든 것이다.

어떤 사람들은 실험실에서 만든 고기가 축산업계를 구할 수 있다고 생각한다. 집중가축사육시설에서 자란 소의 고기보다 사람 몸에 훨씬 좋은 고기를 얻을 수 있기 때문이다. 사육장에서 자란 소의 고기를 먹으면 우리도 모르는 사이에 성장 호르몬과 항생제를 섭취하게 되고, 대장균에 감염되거나 광우병에 걸릴 수도 있다.

실험실에서 만든 고기가 식탁에 오르는 걸 상상하기란 쉽지 않다. 하지만 소를 키우려면 사료와 물이 많이 들고 사람이 힘들게 돌봐야 하는데다, 고기 속의 독소가 사람들의 건강을 해칠 수도 있다. 실험실에서 만든 고기가 앞으로 더 발전하면 사람들의 입맛에도 그럭저럭 맞을지도 모른다. 지금 당장은 실험실에서 만들어졌다는 사실에 거부감이 들겠지만 몇 세대가 지난 뒤엔 아무렇지 않을지도 모른다.

▲ 1997년에 태어난 양 돌리. 어른 양의 세포에서 성공적으로 복제된 최초의 포유동물이다.

우유의 변신

모든 포유동물의 어미는 새끼를 먹일 젖을 만들어 낸다. 젖에는 새끼에게 필요한 비타민, 지방, 단백질, 탄수화물이 들어 있다.

2011년에 아르헨티나 과학자들이 사람의 모유를 대신하기 위해 유전자 재조합 기술로 '로시타 ISA'라는 복제 송아지를 탄생시켰다. 복제된 송아지가 자라서 젖을 만들어 내면 사람의 모유에 들어 있는 '락토페린'과 '라이소자임'이라는 단백질이 들어 있을 거라고 한다. 이 단백질은 바이러스와 세균에 맞서 싸워 갓난아기가 건강하게 자라도록 돕는다.

과학자들은 2012년에 저자극성 우유를 만들어 내는 젖소를 만드는 데도 성공했다. 저자극성 우유는 우유에 알레르기가 있는 사람이 마셔도 괜찮은 우유다.

자연이 차려 준 밥상

사진 속 나의 아버지는 사냥꾼이었다. 그래서 농장에서 키우는 닭이나 소 말고도 우리 가족은 사슴이나 엘크, 무스 같은 야생 동물의 고기를 많이 먹었다. 우리 집 냉동실에는 고기가 결코 떨어지지 않았다. 가끔 나는 형제들과 함께 아버지를 따라 사냥하러 나가곤 했는데, 그럴 때면 야생 토끼나 꿩의 흔적을 뒤쫓거나 고개를 들고 기러기를 찾기도 했다.

▲ 베트남 북부 사파에 있는 논을 따라 아이들이 걷고 있다.

유전 공학 기술은 여전히 우리에게 무척 낯설다. 유전 공학 실험은 대개 시행착오를 거치는데, 유전자 재조합 기술로 만들어 낸 동물들은 대부분 태어난 지 얼마 안 돼 죽는다. 사람들의 필요를 만족시키기 위해 연구를 하더라도, 인간도 동물이라는 사실을 절대로 잊어서는 안 된다. 인간의 욕심을 채우기 위해 다른 동물의 목숨을 빼앗는 연구는 정의롭지 않다고 여기는 사람들도 많다.

하얀 쌀, 갈색 쌀, 황금 쌀

벼를 갓 수확하면 갈색이다. 기계로 벼를 찧어야만 겉껍질인 갈색 겨가 벗겨지면서 하얀 쌀, 즉 '백미'가 된다. 흰색 탄수화물 쌀을 둘러싼 갈색 겨는 여러 층으로 이루어져 있는데, 이 중에서 가

장 바깥에 있는 왕겨만 벗겨 낸 쌀을 '현미'라고 한다.

백미는 현미에 비해 유통 기한이 훨씬 길다. 공기가 통하지 않는 용기에 넣어 서늘하고 건조한 곳에서 보관하면 꽤 오래 보관할 수 있다. 그에 비해 현미는 식료품 저장실에서 기껏해야 3개월에서 6개월 정도 보관할 수 있다. 현미의 겨 층에는 섬유질, 식물성 기름, 비타민 B, 미네랄 등 영양분이 풍부한데, 이 중 식물성 기름 때문에 오래 보관할 수 없다.

백미와 현미의 장점을 살리고자 2000년에 최초의 유전자 재조합 쌀이 개발되었다. '황금 쌀'이라고 불리는 이 품종은 비타민 A 성분을 강화한 쌀이다. 비타민 A는 시력, 성장, 면역계 기능을 북돋는 데 아주 중요한 영양소이다. 개발 도상국에서 비타민 A가

부족해서 시력을 잃는 사람들이 많자, 이들에게 도움을 주고자 황금 쌀을 개발했다.

어떤 사람들은 황금 쌀이 개발 도상국 사람들이 건강하게 살도록 도와줄 수 있다고 생각한다. 하지만 어떤 사람들은 유전자 재조합 작물이 우리 몸에 어떠한 영향을 줄지 과학적으로 밝혀진 것이 없기 때문에 건강에 나쁜 영향을 줄 수도 있다고 주장한다.

로봇 벌이 윙윙

전 세계에는 2만 종이 넘는 벌이 윙윙대며 날아다닌다. 벌은 식물이 열매를 맺는 데 중요한 역할을 한다. 먹이를 찾으러 꽃을 찾아다니면서 꽃가루를 옮기기 때문이다. 이것을 '꽃가루받이'라고 한다. 우리가 매일 먹고 마시는 음식의 3분의 1이 벌, 나비, 벌새 같은 동물이 꽃가루받이를 돕는 식물에서 나온다.

벌은 아몬드 밭처럼 대규모로 농사를 짓는 단일 재배 농가에서 많이 활용된다. 양봉업자가 이동식 벌통을 실어 와 밭에 두면, 벌들은 밭 위를 날아다니며 꽃가루받이를 한다. 하지만 전 세계적으로 벌이 줄어들면서 꽃가루받이가 어려워졌다. 과학자들마다 의견이 다르지만 벌이 사라지는 것은 벌이 기생충과 질병에 시달려서일 수도 있고, 해충을 없애려고

▲ 로보비는 진짜 벌과 무게가 비슷하다. 그리고 날개를 1초에 120번이나 파닥인다.

뿌리는 살충제 때문일 수도 있고, 살 곳이 사라져서일 수도 있다. 과학자들은 자연을 그대로 흉내 내는 '생체 모방 기술'을 활용해 '로보비'라는 조그만 로봇 벌을 만들었다. 이 로봇 벌은 진짜 벌이 사라질 경우 농작물의 꽃가루받이를 도울 것이다. 로봇 벌의 활약은 무척 기대가 되지만, 진짜 벌이 완전히 사라져 이 로봇에만 기대야 하는 날은 오지 말아야 한다.

우주에서 농사를!

남극 대륙은 지구 이외의 행성에서 농사를 짓는다면 어떨지를 실험할 수 있는 완벽한 장소다. 남극은 4개월 동안 해가 지지 않다가, 그 다음 4개월 동안은 어슴푸레한 햇볕이 들고, 그 다음 4개월 동안은 어둠에 싸인다. 이처럼 햇빛의 양이 자주 바뀌고 영하의 추운 날씨가 계속되는 곳에서는 잘 통제된 실내에서만 농사를 지을 수 있다.

하지만 남극에 다른 지역의 흙을 실어 왔다가는 남극 생태계를 위협할 토양 미생물이 마구 퍼질 위험이 있다. 그래서 과학자들은 수경 재배 방식으로 채소와 과일을 재배해 1년 내내 신선한 농산물을 얻는다. 남극 식량 재배실에서는 달 표면에 둘 시험용 온실을 개발하는 데 성공했다. 이

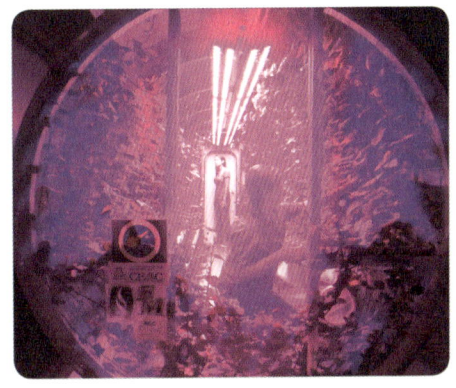
▲ 미국 애리조나주에 있는 화성-달 온실에서 식물이 엘이디 조명의 분홍색 불빛을 쬐고 있다.

온실은 가볍고 접을 수 있어서, 로켓에 실어 다른 행성으로도 보낼 수 있다.

미국항공우주국(NASA)에서는 2030년에 화성에 인간을 보내 개척지를 건설할 목표를 가지고 있다. 이 개척지에 충분한 산소와 식량, 물을 공급하기 위해서는 물과 배설물 전체를 하나의 시스템 속에서 순환시켜야 한다. 어떤 연구자들은 개척지에 가축이나 가축 먹이를 둘 공간이 없기 때문에 화성에 가면 채식을 해야 한다고 주장한다. 단백질은 곤충을 통해 얻고 말이다.

먹거리의 이야기에 귀 기울이다

여러분이 어디에 살든 음식을 먹는 건 즐거운 일이다. 사과든, 고구마든, 달걀이든, 스테이크든 모든 먹거리는 어디서 왔고 어떤 조건에서 자랐는지에 대해 자기만의 이야기를 가졌다.

▲ 일주일에 한 번 열리는 미국 캘리포니아주 산타바바라의 한 시장에서 농부들이 직접 기른 유기농 채소를 팔고 있다.

우리는 고기를 덜 먹거나 버터를 직접 만들거나 공동 텃밭을 일구면서 세계 식량의 생산과 소비 문제를 바꿔 놓을 수 있다. 미래 세대도 누릴 수 있는 지속 가능한 방식으로 말이다. 지속 가능한 방식이란 환경을 파괴하지 않고 건강한 먹거리를 계속 얻는 것이다.

▲ 직접 가꾼 작물로 식탁을 차린 가족.

더불어 사는 지구 69

실험실에서 만든 햄버거는 무슨 맛일까? – 작은 발걸음 큰 변화 ⑩

처음 펴낸 날 2017년 8월 23일 | **다섯번째 펴낸 날** 2024년 2월 1일
글 킴벌리 베네스 | **옮김** 김아림 | **펴낸이** 이은수 | **편집** 오지명, 김수연 | **북디자인** 원상희
펴낸곳 초록개구리 | **출판등록** 2004년 11월 22일(제300-2004-217호)
주소 서울시 종로구 비봉2길 32, 3동 101호
전화 02-6385-9930 | **팩스** 0303-3443-9930
인스타그램 instagram.com/greenfrog_pub

ISBN 979-11-5782-056-6 74840 | 978-89-956126-1-3(세트)

- 이 도서의 국립중앙도서관 출판시도서목록(CIP)은 서지정보유통지원시스템 홈페이지(http://seoji.nl.go.kr)와 국가자료공동목록시스템(http://www.nl.go.kr/kolisnet)에서 이용하실 수 있습니다.(CIP제어번호: CIP2017019717)

사진 저작권 목록

p2-3 Sjors737/Dreamstime.com **p6** [상]Laura Carbonneau [하]Susan H. Smith/Istock.com **p7** Kimberley Veness **p8** Shari Nakagawa **p10** Tolgaildun/Dreamstime.com **p11** Mananshah1008/Wikipedia.org **p12** [상]LC-DIG-MATPC-14346/Library of Congress [하]75-RBD-560/National Archives **p13** Locke, Edwin/Library of Congress **p15** [좌]David Hughes/Istock.com [우]Sol Kauffman **p16** Mishka Henner, Courtesy Bruce Silverstein Gallery, NY **p17** PamelaJoeMcFarlane/Istock.com **p19** Sukpaiboonwat/Shutterstock.com **p21** Murphy_Shewchuk/Istock.com **p22** Benichan/Wikipedia.org **p24** 한국농림축산식품부 **p25** Steven Allan/Istock.com **p28** [좌]Kimberley Veness [우]National Archives/Archives.gov **p29** Aleksandr Frolov/Dreamstime.com **p30** Kimberley Veness **p31** Hjalmeida/Istock.com **p32** Commerceandculturestock/Getty Images **p35** Ekaterina Pokrovsky/Dreamstime.com **p36** Jenn Playford **p37** Kimberley Veness **p38** Katherine Van Blyderveen **p39** Manit Larpluechai/Dreamstime.com **p42** Vincent Van Zeijst/Wikipedia.org **p44** Kali9/Istock.com **p46** Growing Underground **p47** [좌]Ari Burling [우]Kono Designs Llc **p48** Skygreens **p49** [상]Alistair Berg/Getty Images [하]AeroFarms **p50** Shari Nakagawa **p51** Erica Gannett **p53** Kimberley Veness **p54** [상]Tanawat Pontchour/Dreamstime.com [하]Sol Kauffman **p57** [좌]Paul Van Der Werf [우]Esdelval/Istock.com **p60** Toni Barros/Wikipedia.org **p61** Kimberley Veness **p62-63** Onfokus/Istock.com **p64** Kevin Ma&Pakpong Chirarattananon/Wikipedia.org **p65** Gene Giacomelli/Photo Courtesy of Philips Lighting **p66** Csfotoimages/Istock.com **p67** Jenny Acheson/Getty Images **표지** [앞], [뒤] Getty Images Bank